WITH DEER

Hos Rådjur

by Aase Berg
translated by Johannes Göransson

Black Ocean
Boston · New York · Chicago

To reprint, reproduce, or transmit electronically, or by recording all or part of this manuscript, beyond brief reviews or educational purposes, please send a written request to the publisher at:

Black Ocean
P.O. Box 52030
Boston, MA 02205
www.blackocean.org

Library of Congress Cataloging-in-Publication Data

Berg, Aase, 1967-
 [Hos rådjur. English & Swedish]
 With deer / by Aase Berg ; translated by Johannes Göransson.
     p. cm.
 ISBN 978-0-9777709-7-7
 I. Berg, Aase, 1967---Translations into English. I. Göransson, Johannes. II. Title.

PT9876.12.E55H6713 2009
839.71'8--dc22

                              2008055544

Second Printing, 2012

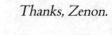

Thanks, Zenon.

TY ALLA STÅ VI ENSAMMA VID RANDEN AV VALPURGIS RÅMANDE SVALG.

~

FOR WE ALL STAND ALONE AT THE EDGE OF THE GROANING CHASM OF VALPURGIS.

TABLE OF CONTENTS

IN THE GUINEA PIG CAVE

FLESH-SHEDDING TIME

SEAL-BOUND

ORGAN

INSIDE THE DEER

SEPTEMBER OF GLASS

I MARSVINSGROTTAN

IN THE GUINEA PIG CAVE

ÄNNU

Hans fingrar söker på tjärnens botten näckrosens svarta ådra.
Ännu andas kärleksdjuret. Ännu diar han rävsåret i min svaga
handled. Långt ute håller vinden på att sakta dö: det går mot
nätters natt. Men ännu vilar fosterliljan orörd. Och ännu söker
hans fingrar på tjärnens botten näckrosens svarta ådra.

STILL

His fingers search the bottom of the tarn for the water lily's black vein. Still the love beast breathes. Still he suckles the fox sore on my weak wrist. In the distance the wind is slowly dying: the night of nights is coming. But still the fetus lily rests untouched. And still his fingers search the bottom of the tarn for the water lily's black vein.

VATTENBOTTNAR

Här är lysande grönt – ljuset, droppar, fladder, spegling, springor av strålljus och lättnad mellan oroliga lövverk. Här är ljusa pärlor som klibbat fast vid den tunna tunna grenen. Grenen har en skorpa. Innanför rinner lymfan sakta och söt. Det är farligt: skalytan är kanske tunnare än läpplarvens genomlysta silkeshud. Det andas ur ett litet hål en varelse av glasljus utan jordisk form; det lyser fram genom en hinna av salivsekret. Här hänger också ormen röd över grenen; han har nämligen människoögon och följer rådjurets rörelser med lugn blick. Men inom kort ska strålen störta ut ur grenen.

Inom kort ska strålen störta sig ut ur grenen. Inom kort ska hinnan giftet brista. Inom kort ska ögonsafter rinna ut över träansiktet, medan gräset mals till frömjöl mellan rådjurskäkarna. Den söta stängeln ska böja sig bakåt mot smärtan. Och här rör det sig en fjäder mot flodytan, då hon som älskar vatten sakta sakta sjunker ner genom ljusbottnarna.

WATER BOTTOMS

It is glowing green here – the light, drops, flutters, reflections, slits of light and lightness in the trembling foliage. Here glowing pearls stick to the thin thin branch. There is a scab on the branch. Inside it the lymph runs slow and sweet. It is dangerous: the shell's surface is perhaps thinner than the liplarvae's glowed-through silk skin. It breathes through a small hole a creature of glass light with no earthly form; it glows through a membrane of saliva secretions. Here the snake also hangs red over the branch; he has human eyes and follows the deer's movement with a calm gaze. But soon the ray will burst out of the branch.

Soon the ray will burst out of the branch. Soon the membrane the poison will erupt. Soon the eye juices will run across the wooden face, while the grass is ground into seed flour in the deer jaws. The sweet stalk will bend backwards toward the pain. And here a feather moves toward the river surface, as she who loves water sinks back through the bottoms of light.

I MARSVINSGROTTAN

Där låg marsvinen. Där låg marsvinen och väntade med blod om mun som min syster. Där låg marsvinen och luktade illa i grottan. Där låg min syster och svällde och värkte och bultade. Där låg marsvinen och hade on överallt med benen rakt upp som skalbaggar och såg depraverade ut och var blå under ögonen som av månaders fördärv. Min syster kräktes stillsamt och likgiltigt, det rann sakta ur hennes slöa mun utan att hon rörde en enda nerv. Och grottan var spenvarm och full av höstlöv och under jorden låg armen från en skyltdocka. Där låg marsvinen och hade ont och var av deg. Där låg marsvinen bredvid knivarna som skulle skiva dem som limpor. Och min syster med läppar av blåbär, mull och gröt. Långt ute tjöt sirenen omänskligt. Det var där marsvinen låg och väntade med blod om mun och snedvridna kroppar, de väntade. Och jag var trött i hela magen av degfärs och marsvinslimpa och visste att de skulle hämnas på mig.

In the Guinea Pig Cave

There lay the guinea pigs. There lay the guinea pigs and they waited with blood around their mouths like my sister. There lay the guinea pigs and they smelled bad in the cave. There lay my sister and she swelled and ached and throbbed. There lay the guinea pigs and they ached all over and their legs stuck straight up like beetles and they looked depraved and were blue under their eyes as from months of debauchery. My sister puked calmly and indifferently: it ran slowly out of her slack mouth without her moving a single nerve. And the cave was warm as teats and full of autumn leaves and beneath the soil lay the arm of a mannequin. There lay the guinea pigs and ached and were made of dough. There lay the guinea pigs beside the knives that would slice them up like loaves. And my sister with lips of blueberries, soil and mush. In the distance, the siren bleated inhumanly. That is where the guinea pigs lay and waited with blood around their mouths and contorted bodies. They waited. And I was tired in my whole stomach from meat dough and guinea pig loaf and I knew that they would take revenge on me.

I LERANS HEMSKA LAND

Det red sig en ond häst längs den onda floden i lerans hemska land. Det red sig en ond häst med mig på ryggen. Under hans hårrem rörde sig musklerna och de gned sig mot musklerna i mina hårda innanlår som klämde åt hans kropp. Jag var rädd och andfådd och dynamisk, för denna höga onda häst var min fiende. Vi red oss över åkern denna tomma dag då det regnade lera och bly och då snön låg halvsmält här och var i det förslappade landskapet. Hans hovar sjönk i gödsel och dynga. Det red sig en ond häst över hemska åkrar denna onda dag i det onda livet, och jag var uppepå. Han red mig över fårorna i den plöjda trötta jorden; över torftiga tegar vars bönder låg döda och maskätna i dikena. Det red sig en ond häst, och i utkanten av den hemska lerans land väntade björnarna som stod på bakbenen och spretade med klorna. Uppe på himlen seglade vråkarna i dödstysta formationer, som en förberedelse. Jag frös i huden – den pinade och skavde sig mot den vassa vinden som vräkte sina vassa droppar mot mitt äggansikte. Det red sig en ond häst genom det hemska landet, en ond och mörk häst med mandom och muskulatur, och jag var lycklig över honom som min fiende.

In the Horrifying Land of Clay

There was an evil horse that galloped along the evil river in the horrifying land of clay. There was an evil horse that galloped with me on its back. Beneath the hair-strap his muscles moved and chafed against the muscles of my taut inner thighs which clamped down around his body. I was scared and breathless and dynamic for this tall evil horse was my enemy. We galloped across the field this empty day as it rained clay and lead and the snow lay half-melted here and there in the flaccid landscape. His hooves sank into dung and muck. There was an evil horse that galloped across horrifying fields this evil day in the evil life, and I was on top. He galloped me across the furrows of plowed tired soil, across barren plots whose farmers lay dead and worm-eaten in the ditches. There was an evil horse that galloped, and on the outskirts of the horrifying land the bears waited for us and stood on their hind legs and spread their claws. Up in the sky, buzzards floated in death-silent formations, preparing. I froze in my skin – it pined and chafed against the sharp wind that hurled its sharp drops against my egg-face. There was an evil horse that galloped through the horrifying land, an evil and dark horse with manhood and musculature, and I was thrilled to have him as my enemy.

I MARSVINSMÖRKRETS HJÄRTA

Det myllrar av marsvin i klyftan. De kravlar på varandra som spindlar: här i klyftan, här i stacken, här i marsvinsmörkrets hjärta. Det myllrar av marsvin i klyftan och vi springer, du och jag med din lena vaxhud och vår kärlek. Vi springer i tunnlarna och det dånande vattnet jagar oss i ett svall av marsvin som rullar mot varandra. Jupiter hanger tung och grym uppe på firmamentet, och nervspionerna lurar i alla onda horn. Det myllrar av marsvin. De föds, de kläcks, ur grottor och hål. Det myllrar av marsvin som kravlar omkring på den jättelika marsvinsdrottningens svullet ömtåliga äggvitekropp. Hon föder och stönar, hon krystar och blöder. Överallt hinnorna, överallt deras uppspända flåsmagar. Vi springer med hjärtat i tunnel du och jag, medan nervsystemet bryter samman bakom oss, medan fostervattnent stiger inne i den pumpande, pulserande avgrunden. Och väggarna rinner ja rinner, av rötsyror och marsvinslymfa. Det myllrar av marsvin. Nu kommer de och tar oss! Nu öppnar de oss, nu sväljer de oss med sina skära köttorgan. Nu älskar jag dig och nu fruktar jag dig, och nu kavlar jag äntligen ut din marsvinskropp på bakplåten. Och du lutar dig bakåt och later din hud växa in i marsvinsväggens stinkande cellplasma; min vackra förrädare, då det myllrar av marsvin ända in i djupet av din opålitliga marsvinsorganism.

In the Heart of the Guinea Pig Darkness

The gorge is swarming with guinea pigs. They crawl on each other like spiders: here in the gorge, here in the stack, here in the heart of the guinea pig darkness. The gorge is swarming with guinea pigs, and we run, you and I, with your soft wax skin and our love. We run in the tunnels and the rumbling water chases us in a wave of guinea pigs rolling against each other. Jupiter hangs heavy and cruel up there in the firmament, and nerve spies lurk behind every evil corner. Guinea pigs are swarming. They are born, they hatch, out of caves and holes. The guinea pigs are swarming and crawling around on the gigantic guinea-pig queen's sensitive, swollen egg-white body. She gives birth and groans, she moans and bleeds. Everywhere the membranes, everywhere their bloated puff bellies. We run with the heart in the tunnel, you and I, while nervous systems break down behind us, while the amniotic fluid surges in the pumping, pulsing chasm. Rotting acids and guinea pig lymph are streaming yes streaming down the walls. Guinea pigs are thronging. Here they come and get us! Now they're opening us up, now they're swallowing us with their pink flesh organs. Now I love you and now I fear you, and now I finally roll out your guinea pig body on the baking sheet. And you lean back and let your skin grow into the stinking cell plasma of the guinea pig wall, my beautiful traitor, and the guinea pigs swarm all the way into the depth of your treacherous guinea pig organism.

Köttlossningstid

Flesh-Shedding Time

RÄV

Vi satt på var sin sida om bordet. Det var pöbel överallt omkring oss. Hans vitögon glittrade. En sexualkvinna fångade med desperat lystnad hans kirurgblick. I natt skulle han riva händerna genom hennes köttmateria, hennes spenar och slafsiga hudveck. Hennes herpestunga smorde redan in hans halsådra med rävsekret. Läpplarven vred sig döende i askkoppen bland fimparna. Jag såg på. Jag hade värk i vulvan. Missfostret snodde sig runt tarmarna, gnagde lätt med sina små nyptänder mot bukblåsans sköra yta och ville ut. Utanför fönstret bullrade gatorna. Jag hallucinerade en aning, såg höga stammar falla och knäckas långt ute i skogarna. Frätspriten dunkade giftigt mot inälvsystemet. Jag stjälpte i mig ytterligare ett glas – där låg missfostret äntligen nedsövt på bäckenbottnen. Så väntade vi på veckorna som aldrig kom, medan tidevarven rullade sina stora kugghjul över våra huvuden.

När jag kom hem satt det en liten snigel på halsen. I gathörnet hade jag sett en flock märgbitna, skinnmagra silverkatter slita en död räv i stycken. Alba sov innanför lakanen, blåblekt naken. Från taket hängde röda, nästan självlysande spindelnät. Genom de fuktskadade väggarna bubblade kondensen fram. Jag kunde känna hjärnan ropa efter tankeverksamhet, men inälvorna stod mig upp i halsen och det var omöjligt att samla skärpa i hettan. Gatubövlarnas och huliganernas fyllskrik nere på gatan ekade

Fox

We sat at opposite ends of the table. Riffraff was all around us. The whites of his eyes glittered. A sexwoman caught, with a desperate hunger, his surgeon's gaze. That night he would tear his hands through her fleshy matter, her teats and sloppy skinfolds. Her herpes tongue was already smearing fox secretion on his jugular. The liplarvae writhed, dying among the cigarette butts in the ashtray. I watched. I had an ache in my vulva. The monstrosity wound itself around the intestines, gnawed lightly on the frail surface of the belly bladder with its small nip-teeth, and wanted out. Outside the window, the streets rumbled. I hallucinated a bit, saw tall trunks fall and crack far out in the woods. The rotgut throbbed venomously against the intestinal system. I downed another glass — there lay the monstrosity finally anesthetized on the bottom of the creek. Then we waited for weeks that never came, while the ages rolled their cogwheels over our heads.

When I came home, there was a little snail on my throat. On the street corner I had seen a flock of marrowpierced, skinstarved silver cats tear a dead fox to shreds. Alba slept in the sheets, pale-blue naked. From the ceiling hung red, almost glowing spider webs. Through the water-damaged walls, condensation bubbled out. I could feel my brain scream out for mental activity, but the intestines were up to my throat and it

ännu upp mot fönsterglasen. Plötsligt var Alba vaken och lutade sina kyssar över min obegripligt vaksamma, värkande kropp. Hennes andedräkt kändes liksval, som hos lemurerna. Speglarna och glasen låg mitt på golvet krossade i en hög: också här hade oron farit fram.

Dörren öppnades, han kom hem. En fågel sprättade i himmelen, nu sydde de i dockan min, nu rev de isär hennes mun tills läpparna nästan log. Alba blödde näsblod, jag låtsades sova, men missfostret vaknad: jag bet hårt i lakanet. Hans händer ännu fulla av kvinnosporer och rävsaft, men också något mer, och jag förstod att han hade gått alldeles för långt. Alba låg stilla på rygg, jag skrek in i kudden. Alba låg på rygg och det tunna blodet rann sakta mörkt ur näshålorna. Han luktade snigelsyra, hans vitögon glittrade. Han tog fram den långa fina staven, den långa fina staven av glas. Den hade en liten udd längst fram, en liten fibernäbb. Då slappnade jag av. Spritfyllan avtog, missfostret blev stilla. Jag log in i kudden och väntade kanske på den allra sista rubbningen.

was impossible to concentrate in the heat. The drunken screams of the streetdevils and hooligans down in the street still echoed against the window glass. Suddenly Alba was awake and placed her kisses on my incomprehensibly alert, throbbing body. Her breath felt corpse-cool like the lemurs. The mirrors and glass lay shattered in a pile on the middle of the floor: also here, the anxiety had burst forth.

The door opened, he came home. A bird sprawled in the sky, now they stitched in the doll of mine, now they tore apart her mouth until her lips almost smiled. Alba bled nose-blood, I pretended to sleep, but the monstrosity woke up: I bit hard into the sheets. His hands were still soaked in female spores and fox juices, but also something else, and I understood that he had gone too far, much too far. Alba still lay on her back. I screamed into the pillow. Alba lay on her back and the thin blood ran slowly, darkly out of her nostrils. He smelled of snail acid, the white of his eyes glittered. He took out the nice, long staff; the nice, long staff of glass. It had a little prong at the tip, a little fiber beak. Then I relaxed. The booze abated; the monstrosity grew still. I smiled into the pillow, and maybe waited for the final drubbing.

BROSKDYGNET

Det kommer svart blod. Ur det där hålet. Det kommer tjockt
blod. Det ser ut som olja. Och ekorren skriker i trädet.

Det kommer svart blod. Ganska lite blod men obevekligt ur det
där hålet mitt i det vita. Det luktar rabies här. Och ekorren ligger
blind och brand under jungfrulakanet.

Vi har cancer idag. Jag har en kropp, den skiker i trädet, ur hålet
mitt i det vita. Hålet som har väggar, svullna och slappa, och
som inte vågar krysta ihop sig och stoat ut. Så blodet skriker.

Hålet som inte vågar öppnas och trycka sig ut ur hålet. Det
kommer svart blod. Ur det där hålet. Mekanismen har upphört,
köttet hanger blekt på kroken och har slutat göra motstånd.
Ekorren skriker så ensam när tumörplomben faller i hålet.
Blodet skriker i trädet, blodet skriker svart i det vita.

Man föds ur kloaker, ur den otäcka degen bortom gott och ont.
Det luktar spoken, det luktar slappkött, det luktar moderkaka
och uran. Det kommer svart blod. Det bubblar av sumpgas och
diarréer. Ur hålet som skriker och skriker där brosket sluter sig
omkring embryot som ett äggskal och ett fängelse, och där den
lilla ekotten i min lilla hand har brutit alla små ben i hela
skelettet. Och ligger stilla och ögat är hålet, hålet uppspärrat

THE GRISTLE DAY

Black blood is coming. Out of that hole. Thick blood is coming. It looks like oil. And the squirrel screams in the tree.

Black blood is coming. Not very much blood, but undeniably out of that hole in the middle of the white. It smells like rabies here. And the squirrel lies blind and burnt beneath the virgin sheets.

We have cancer today. I have a body; it screams in the tree, out of the hole in the middle of the white. The hole has walls, swollen and flaccid, and doesn't dare bear down and push out. That's why the blood screams.

The hole doesn't dare open and push itself out of the hole. Black blood is coming. Out of that hole. Mechanisms have stopped, the flesh hangs pale on the hook and has ceased resisting. The squirrel screams all alone as the tumor plug drops into the hole. The blood screams in the tree; the blood screams black in the white.

We are born out of sewers, out of horrifying dough beyond good and evil. It smells like ghosts, it smells of slop flesh, it smells of placenta and uranium. Black blood is coming. Marsh gas and diarrheas bubble. Out of the hole that screams and

och trött. Än kommer det nog blod ur den svarta tarmen på köttbottnen.

Det kommer svart blod. Ur det där svarta gamla hålet. Det kommer träskblod kläggblod krämgeggablod. Det ser ut som olja. Och när ekorren skriker en sista gang i trädet, då stiger det sakta ett stön ur hålet.

screams as gristle encloses the embryo like an eggshell and a jail, and the little squirrel in my little hand has broken all the small bones of its whole skeleton. It lies still and its eye is the hole; the hole spread open and tired. Blood is probably still coming out of the black intestine on the bottom of the flesh.

Black blood is coming. Out of that black old hole. Marsh blood and sludge blood and creamy gunk blood. It looks like oil. And when the squirrel screams one last time in the tree, a moan slowly rises out of the hole.

Rävhjärta

Nu har du åter skändat mitt mörkblå åderhjärta. Nu kväljer jag ut detta kvävda rävhjärta genom den råmande, blå munnen. Hjärtpumpen korallen vrider sig i etter. Nöden växer svår. Du sover öppen vid organen, jag ser ner i dig som djupt i sjö. Sakta kväver jag korallen, lystet sväljer jag detta spända rävhjärta genom den svidande, blodblå munnen. Bukbottnen bultar kränkt, korallen böljar. Sakta uppkräkt väntar efterbördens slam: jag måste slita denna sega sena från sitt fäste. Nu söker åter munnen din blå and beska mun. Där fräts en sista räv till skum och röta.

Fox Heart

Now you have once again defiled my dark-blue vein heart. Now I puke out this choked fox heart through the bellowing, blue mouth. The heart pump, the coral, writhes in venom. The need grows strong. You sleep open by the organ. I look down into you, as if deep into a lake. Slowly I choke the coral; greedily I swallow this tense fox heart with the smarting, blood-blue mouth. The belly bottom beats offended; the coral bulges. Slowly puked-up, the sludge of the afterbirth waits: I have to tear this sinewy sinew from its hold. Now the mouth once again seeks your blue and bitter mouth. The last fox is corroded to foam and rot.

DEN RÖDA KYSSEN

Djupa liljor svajar. Sorgmusslans pärlor kliar och blöder. Tunga fiskar stryker mellan stenarna. På bröstbottnen slår skräckens hjärta fjorton fadda slag. Ännu lider lemmarna. Koraller döljer hull och hud. Hennes läppar söker sig mot ytan för att av syre förbarmas. Men på slambottnen lyser ännu spåren av den röda kyssen.

THE RED KISS

Deep lilies sway. The sorrow-mussel's pearls itch and bleed.
Heavy fish streak between the stones. On the breast bottom,
the heart of fear pounds fourteen feeble beats. The limbs still
suffer. Corals hide fat and skin. Her lips seek the surface to be
saved by oxygen. But on the sludge bottom, the tracks of the
red kiss still glow.

MASSA

Nu går jag in i floden
nu rinner floden genom mig

Nu går jag in i pärlan
Den stora röda droppen
den stora röda droppen
faller ut ur mig

Nu går jag in i kyssen
den tjocka mörka muskeln
nu möter muskeln massan
nu sjunker det en stjärna
av stenkol genom mig

Nu går jag in i oljan
nu rör det sig i oljan
nu spränger det i muskeln
nu dunkar det i stjärnan
nu går jag genom pärlan
nu rinner tjärnan ut ur mig

Nu faller jag i tjäran
nu sjunker jag i magman
nu värker det i dunklet
nu sjunker jag i dunklet
genom mig

MASS

Now I move into the river
now the river moves through me

Now I move into the pearl
The large red drop
the large red drop
falls out of me

Now I move into the kiss
the thick dark muscle
now the muscle touches the mass
now a star of coal
sinks through me

Now I move into the oil
now there is movement in the oil
now there is explosion in the muscle
now the star throbs
now I move through the pearl
now the tar runs out of me

Now I fall into the tar
now I sink into the magma
now the darkness aches
now I sink in the dark
through myself

MOLOSS

Solblåsan hänger hög och röd: feverpungen tynger. Truckarna ryter nedanför, molossdoggen gurglar och morrar och rycker i kedjan, och det är som om metallerna i denna mäktiga stad spränger av oro. Amfibierna lider brända flådda i hangarerna, och vi kan höra deras skärande strupljud. Det jäser i substanserna, det fräser och bubblar i svalgen, det dånar och det bryter sammam bakom oss. Adrian bär kopparormen tålmodigt försiktigt i sin leriga handflata. Ur en spricka i yllet lyser skärt kött. Men vi går bländade mot den ännu rykande planeten som ligger trasig och förkrossad vid ruinmuren i stadsbrynet. I hamnen sjunger det i tunga skepp och stålet skaver skriker. Oljan magman kokar trögt i bassängerna cisternerna. Adrian bär kopparormen och han kanske ler. Vi går utåt och han kanske ler.

Mastiff

The sun bladder hangs high and red: the fever scrotum is heavy. The trucks roar down below, the mastiff dog gurgles and growls and tugs at its chain, and it seems like the metals of this powerful city are exploding with anxiety. The amphibians suffer burned flayed in the hangars, and we hear their shrill throat sounds. The substances are fermenting, throats are corroding and bubbling, things are rumbling and crumbling behind us. Adrian carries the copper snake patiently cautiously in the muddy palms of his hands. Out of a slit in the wool glows pink flesh. But we walk blinded toward the still-smoking planet that lies torn and crushed near the ruined wall on the outskirts of the city. In the harbor, the heavy ships sing and the steel chafes screams. The oil the magma boils slowly in the basins the cisterns. Adrian carries the copper snake and maybe he smiles. We walk outward and maybe he smiles.

SÄLBUNDEN

SEAL-BOUND

SÄLRUBBNING

Sälköttet lossnade långsamt. Kroppklumparna klängde sig mot varandra – bakom dem sögs degen igen. Varelser utan armar och ben hade samlats längs den leriga missfallsflodens stränder. Vi väntade – jag låg också där och hade känslor i hullet. Den stora frukten föll rutten, sälbakelser krossades. Någon något flöt sakta där på ytvattnet, och molnet gled trögt ovanför.

Någon något drev sakta där i likspadets slöa strömmar. I flera dagar väntade vi på att cellblåsan skulle brista. Det hände ingenting. Fiskar flöt upp. Plåtbrynjan skavde mot pälsen.

Jag försökte livnära fostret i famnen genom att kräkas upp lök. Molnet öppnade slapphålet och lät nederbörd falla. Vi väntade. Fiskar flöt upp. Bakom oss slöt sig degen långsamt.

Seal Mutilation

The seal flesh loosened slowly. The body clumps slopped against each other – behind them the dough sucked shut. Creatures without arms or legs had gathered along the muddy river of the miscarriage river. We waited – I too lay there and had sensations in my hull. The large rotten fruit fell, seal cakes were crushed. Someone something floated slowly there on the surface water, and the cloud dragged up above.

Someone something drifted slowly there in the sluggish stream of corpse juices. For several days we waited for the cell-bladder to burst. Nothing happened. Fishes floated up. The armor plates began to chafe against the fur.

I tried to feed the fetus in my arms by puking up onion. The cloud opened up the slophole and let precipitation fall. We waited. Fishes floated up. Behind us the dough closed up slowly.

SNIGELBÖRD

Den perversa naturen pågick alltjämt. Fontanellerna kändes instabila. Isarna sprängde och råmade och bröts, och larmet nådde över de magra åkrarna ända upp mot den lilla hyttan som fäst sina grundrötter vid foten av det böjda, ruvande Glåmskalet. Jordoljan bubblade upp ur sprickor och skarvar. Fjällen satt en aning lösa, oroande lösa, som tänder i en cancermun. I älvrännan kokade en giftig sörja. Tiden var knapp. I fjorden skränade och frustade valarna, slog sina plåtlober mot varandra i klingande stötar. Den perversa naturen pågick alltjämt, och genom fibrerna spred den sin lömska lymfa.

Vaxflickan släpade sina steg uppför den halvmila Ulvstubacken. I armarna bar hon ett slappt djur, och hon var svårt, skärande blond. Mot moränen och jordbottnarna lyste hon som ett farligt snitt i det annars levrade och bruna. Hannen kunde nu se henne komma emot sig medan jordmassan tryckte sig upp ur de hotande skarvarna. Hennes spräckliga ögonstenar därinne i de svarta hålorna sökte hans simmiga blick. Hudklistrets trådar kliade och glänste i luften mellan de två köttkropparna. Dieselångorna upp ur skorpan, upp ur jordbarken, sövde honom. Han kände molvärken mala.

Han var mycket trött. Fjällkammen hängde tung över nejden; istidsvarsel borrade sig fram genom porfyråsarna och

The Snail Ancestry

The perverse nature continued to take place. The fontanels felt unstable. The ices exploded and bellowed and broke, and the noise reached across the meager fields all the way up to the small hut that had put its roots down at the foot of the bent, brooding Gloam Shell. The earth oil bubbled out of cracks and seams. The mountains were somewhat loose, loose from worry, like teeth in a cancer mouth. In the river fold a poisonous mush was boiling. The end was nigh. In the fjord the whales bawled and blustered, hit their plate lobes against each other in ringing thrusts. The perverse nature continued to take place, and through the fibers the hideous lymph spread.

The wax girl dragged herself up the half-mile long Ulvustu Hill. In her arms she carried a limp animal, and she was strangely, jarringly blonde. Against the moraines and ground she glowed like a dangerous cut in the otherwise clotted and brown. The male could now see her coming towards him while the earth mass pushed out of the threatening seams. Her speckled eye-stones there in there in the black holes sought his hazy gaze. The threads of skin-glue itched and glowed in the air between the two flesh bodies. The diesel fumes out of the crust, out of the earth bark, anesthetized him. He could feel the acheworks grind.

blindstenslager: som en darrning, en bävning i det annars motsträvigt stela landskapet. Han såg sälformen trycka sig in i bergväggen, vände sitt kötthuvud åt ett annat håll, låtsades inte veta.

Flickans hud var bar och uppskavd av friktionen mot det slappa, daskande djuret. Det påminde vagt om en räv, men säker kunde han inte vara – djurens former och skapnader hade sedan länge i denna onda trakt upphört att låta sig bestämmas. Flickans fingrar frätte till mot hans mycket sjuka armar – ändå kunde han inte avstå från att röra henne. Han sade ingenting. Karg och styv fäste han sina fibrer vid hennes. Hon skulle ha kunnat vara tolv år om hon hade levat.

Den natten hörde han klor mot träet, han hörde naglar och lät flickan krafsa och riva och söka sig in. Djuret låg intill henne, det ryckte i det. Sälformen vände sig innanför den sköra hudhinnan, varje rörelse tidlös och av en oändlig pina. Flickan hade lockat lämlarna till sig; de stod på bakbenen vid utkanten av hennes kropp och väntade på ett tecken att äta sig in. Safterna i gräset hade slocknat och det var upp till varje varelse att söka näring där den ännu fanns. Små gnagare vräkte sig skriande över varandra, små sniglar sög brosket ur andra sniglar. Den perversa naturen pågick alltjämt.

Han kunde äta av flickan och hade så gjort under vissa särskilt desperata dygn. Ur såren växte nerverna och fiberspröten

He was very tired. The mountaintops hung heavy above the region; ice-age premonition drilled through the porphyry ridges and blind-stone strata: like a quake, a shake in the otherwise stiff landscape. He saw the seal shape press into the mountainside, turned his flesh-head in another direction and pretended not to see.

The girl's skin was bare and chafed-up from the friction of the limp, flailing animal. It was vaguely reminiscent of a fox, but he could not be sure – the animal's forms and shapes had long since ceased to be determinable in this evil landscape. The girl's fingers burned against his very sick arms – still he could not refrain from touching her. He said nothing. Wary and stiff he fastened his fibers by hers. She would have been twelve years old had she lived.

This night he heard claws against wood, he heard nails and let the girl scratch and tear and find her way in. The animal lay next to her, it twitched. The seal shape turned inside the fragile membrane, every movement timeless and full of infinite suffering. The girl had attracted the lemmings; they stood on their hind legs at the outskirts of her body and waited for a sign to eat their way in. The nectar in the grass had been snuffed out and it was up to every creature to seek nutrition wherever they could find it. Small rodents tumbled screaming over each other, small snails sucked the cartilage out of other snails. All the same the perverse nature continued to happen.

sökande. Antennerna skimrade, molvärken malde. Flickan låg stilla och betagen av musklernas djup: mellan varje sena kände hon kyssarnas tungor tränga in. I den hala skåran mellan segmenten smorde snigelspetsen in i sitt spott. Flickan låg bakåtbruten med asiktsmunnen särad, och han sänkte de röda organen mot henne. I detta mörker. I detta djurens pinomörker. I detta körtlarnas flämtande mörker där flickan hetsade, hetsade. I denna sniglarnas mörkröda, bistra natt.

Febern var nådd och tiden knapp. Det slappa djuret rörde sig och gav ett läte ljud: det började vakna och pälsen var blöt och slemmig. Det försökte tvina degmusklerna att resa benen men föll genast ihop i en massa. Ut ur köttet stirrade ögonen ännu blinda. Men något rörde sig, som om en födsel var kommen, som om krafterna samlade ihop sig till en kärna av envis llust djupt inne i den oidentifierbara fysionomin. Flickan flämtade. Hon gned den våta pälsen mot sin ännu skavda bröstkorg, där rävbenen stack ut i relief och där hudhinnan spände åderbrusten och bultande blå över stommen av kall metall. Vissa av stängerna hade gått av och hängde brutna ut ur hennes sårade öppningar. Hon såg krossad, genomdriven och överkörd ut.

Men ett leende skar sig upp ur det söndermalda ansiktet och klibbade sig fast vid hannens blåkyssta läppar. Hans hudådra växte. Våldet bröt fram ur hans hårda händer. Men där fanns ingenting i hennes kropp som tog emot, där fanns inget

He could eat of the girl and had done so during certain especially desperate days. Out of the sores grew the nerves and fiber-sprouts searching. The antennae shimmered, the acheworks ground. The girl lay still and overwhelmed by the depths of the muscles: between every sinew she felt the kissing tongues push through. In the slippery groove between the segments the snail tip smeared its spit. The girl lay back-broken with the face-mouth parted, and he lowered the red organs toward her. In this darkness. In this the torment darkness of animals. In this the glands' panting darkness where the girl frenzied, frenzied. In this the snails' dark-red, bitter night.

The fever was reached and the end was nigh. The limp animal stirred and emitted a moan-sound: it began to awaken and the fur was wet and slimy. It tried to force the dough-muscles to raise the legs up but it immediately collapsed into a heap. Blind eyes started out of the flesh. But something moved, as if a birth was about to take place, as if the powers were gathering into a core of stubborn lust deep in the unidentifiable anatomy. The girl gasped. She rubbed the wet fur against her still chafed ribcage, where the fox-bones stuck out in relief and where the skin membrane was taut and vein-bursted and throbbing blue above the core of cold metal. Some of the stalks had fallen off and hung broken out of her wounded orifices. She looked crushed, driven through and driven over.

motstånd varken av metall, granit eller horn. Hans händer sjönk in som lera, som odimensionell och grumlig sög sig runt hans mjuka stumpar. Flickan kunde inte längre skiljas frå det kvidande djuret. Varelsen reste sig på benen och vinglade några steg över det slippriga golvet. Åter en sorts läte mot den bruna himlen steg. Isarna brakade och klövs. Den perversa naturen pågick alltjämt.

Han låg gråtande lämnad av detta nya liv. Han kände vittringen svalna. Dieselångorna dämpades. Fjällkammen svajade och vägde tung, som om den ville rasa ihop och falla in i sin egen skugga. Själsvätskan fyllde flickan som aldrig tillbaka komma skulle. Sälformen skavde vildsint mot bergväggens skorpa. Nära henne följde de sista lämlarna och sniglarna under dessa dagar då jordklotet mot mörkrets djupa botten sjönk.

But a smile cut out of the ground-up face and stuck to the male's blue-kissed lips. His skin-vein bulged. The violence burst from his hard hands. But there was nothing in her body that pushed back, there was no resistance either from metal, granite or horn. His hands sank into her as if into clay, which amorphously and muddily enclosed in his soft stumps. The girl could no longer be distinguished from the whining animal. The creature got up on its legs and wobbled across the slippery floor. Again a kind of moan rose toward the brown skies. The ices crashed and were cleft. The perverse nature continued to take place.

He lay crying abandoned by this new life. He felt the scent weaken. The diesel fumes were muffled. The mountain ridge swayed and weighed down, as if it would break down and fall into its own shadow. The soul fluid filled the girl who never would return. The seal form chafed wildly against the mountain crust. The last lemmings and snails followed her closely during these last days when the earth towards the deep dark bottom sank.

ORGEL

ORGAN

HOP

En folkmassa bildar mörk mur mellan vallen och havsbrytningen. Det hörs starka, svarta svall. Det hörs blodhjärtan som tunga släpar slagg uppför långdragna motlut. Alla vänder ögonen som ett enda öga ut mot det mörka Trälhavet. Nattskredet ökar och i sanden öppnas sårsvalg. Stranden är farlig och det mullrar och bryter därute. Väntan rullar sina kvarnar. Man bildar mur, mur bildas. Hopen nöter sig vred mot yllet i varandras klädnad, sakta rubbad i vånda och osalig kvedsot. Skavsorgen karvar; det hörs svåra svarta svall. Man reser vallen tung i bruten hungersten. Så bygger horden mur mot det nalkande mörka medan väntan rullar kvarnar muren mot. Vred gröper väntan vallen mot: det kommer starka svarta svall som bryter.

CROWD

A crowd of people begins to form a dark wall between the embankment and the ocean break. Strong black waves are heard. Heavy bloodhearts that drag slag up the drawnout slope are heard. Everybody turns their eyes like a single eye out toward the dark Peasant Ocean. The nightslide widens and in the sand a woundchasm opens. The beach is dangerous and there is a rumble and a breach out there. The wait churns like mills. The crowd builds a wall, a wall is built. They rub themselves raw against the wool of each other's clothing, rub themselves slowly in agony and unholy moan sickness. The chafe sorrow carves; hard black waves are heard. The people erect the heavy wall out of broken hungerstones. That is how the hoard builds a wall against the approaching darkness while the wait rolls its mills against the wall. Angrily the wait scrapes against the wall: strong black waves are coming and breaking.

Brösthästar

Bröstkorgshästar bränner
mina spränglungor spränger sprängs
mot dina ögonens glimmande brännkol

Jaktslemmet bubblar och bultar
Dina ögonens blodhästar bränner hårt
min innersta smärtans
slickande svarta tungor

Inne i stenarna glöder
Inne i bröstkol i gruvan i stenlungor glöder
Dina orgelhästar spränger mig
skall mig ögonen hårt hämna

Breast Horses

Breastcage horses burn
my blast-lungs blow up blow out
against the gleaming charcoal of your eyes

The hunt-phlegm bubbles and pounds
The blood horses of your eyes scorch hard
the licking black tongues
of my innermost pain

There is a glow inside the stones
There is a glow inside the breast coal of my stone lungs
Your organ horses blast me
will brutally avenge my eyes

HARPYA

Hårt skriker oljeharpan. Så svullna sporer gnider. Därute stelnar
kråkorna. Den tunga mörka pärlan spränger mot min rygg. Den
tunga mörka ådran sugs mot tänderna. Harpya i rummet av trä
andas hårt så hårt mot väggar.

Därute glittrar ekrarna. Därute svettas lädret. Därute sjunger
hästarna. Det lyser så nära av skräck och jod, och hårt skriker
oljeharpan. Jag slickar skadat trä. Jag slickar kåda sirap. En opak
salva ligger smärtsam kvar över den bruna munnen. Därute
brister i detta nu i mörkrets hjärta generna.

Harpya i munnen av trä skriker hårt mot de buktande venerna.

HARPY

Hard screams the oil harpy. Swollen spores rub. Out there the crows freeze. The heavy dark pearl throbs against my back. The heavy dark vein is sucked toward teeth. Harpy in the wooden room breathes hard so hard against walls.

Out there the spokes glitter. Out there the leather sweats. Outside the horses sing. It's glowing so closely from fear and iodine, and hard screams the oil harpy. I lick damaged wood. I lick sap syrup. An opaque ointment remains painfully on the brown mouth. Out there in the heart of darkness genes are bursting.

Harpy in the mouth of wood screams hard against the bulging veins.

VRÅTH ORMSMIDD

Långt bort i vägen ormspettet hackar
sårade skogsblå ormar fräser

Stygnen snittet lyser
jaget svettas ormsvett
jaget väser etter
ettersåret blånar
ettersåret fräter
ormar ligger huggna
huggna ormar sprätter

avhuggna ormar i kramp krökta

Åskmörker samlat i skinnpåse stinn
spänner och tränger mot nejden

Långt bort i vägen ormsådden jäser

WROTH SNAKEWROUGHT

Far away in the road the snake spear hacks
wounded forest-blue snakes hiss

The stitches the cut glows
the self sweats snake-sweat
the self hisses venom
the venom sore turns blue
the venom sore corrodes
snakes lay hacked-apart
hacked snakes twitch

severed snakes cramping crooked

Lightning darkness gathered in a bulging skin-sack
tightens and throngs toward the region

Far away in the road the snake seed are fermenting.

INUTI HJORTEN

INSIDE THE DEER

"Cerci är vanligen långa mångledade och trådlika men hos vissa familjer är de reducerade till nästan osynliga stumpar. Hela- kroppen är rätt mjuk, med svagt utvecklade skleriter."

"Cercis are normally long, many-branched and threadlike, but in certain families they are reduced to almost invisible stumps. The entire body is fairly soft, with barely developed sclerites."

SKÄRVA

Där du vände upp alla mina ansikten
ett efter ett mot solytan
och drack dem som rådjursvatten

SHARD

Where one by one you turned my faces up
toward the sun's surface
and drank them like deer water.

DOCKA DOCKA

Dessa kroppsdelar överallt – jag som vill samla in dockan. Dessa isdelar överallt – jag som vill samla honom i min grymma famn. Dessa dockben i snön, dessa som han dagen innan drev till blods, innan han själv sprack ut i sina ådror och sin vackra is. Detta otäcka dockansikte med sneda ögon, skäggstubb, leende. Denna otäcka fula man, grymma grymma oåtkomligt utspridd i den lömska snön. Jag står kall och ser sekunder störta sig utanför djupen vid randen av den skandal tiden håller på att dölja under ett puderlager av valpsnö, dunsnö, små små naglars nypande rivsnö. Jag står med rispor i porslinet, i mitt konstiga dockans ansikte som har gjutit sig om min varma kravlande muskel, om mitt köttfärsansikte bakom tamhuden. Jag är vacker och dockan är överallt, jag måste samla in honom i min lömska flickfamn. Som vargen tjuter bak månen, som likvråken seglar tyst över silversjön i den frigida natten. Dessa barndelar överallt; vad vill han mig, jag som vill samla in honom och göra dådet till ett annat dåd. Denna grymma grymma man som har gått sönder med flit och som ler sitt otäcka dockleende, utskuret ur ansiktet i den värkande snön. Och jag står levrad i mitt hjärta och suger på pärlhalsbandet.

DOLL DOLL

These body parts everywhere – I want to gather up the doll.
These ice parts everywhere – I want to gather him up in my
cruel arms. These doll legs in the snow, these legs that he the
day before forced to bleed, before he himself cracked in his veins
and his beautiful ice. This nasty doll face with crooked eyes,
beard stubble, smiling. This nasty ugly man, cruel cruel out of
reach scattered in the sly snow. I stand cold and watch seconds
rush down the chasm of a scandal, which time is busy hiding
beneath a powder of puppy snow, down snow, the pinching rag
snow of small small nails. I stand with scratches in the porcelain,
in my strange doll face that has been cast around my warm
crawling muscle, around my groundmeatface beneath the tame
skin. I am beautiful and the doll is everywhere; I have to gather
him into my sly girl arms. The way the wolf howls at the moon,
the way corpse buzzard sails silently above the silver lake in the
frigid night. These child parts everywhere; what does he want
with me, I who want to gather him in and turn the deed into
another deed. This cruel cruel man who has fallen apart
intentionally and who smiles his nasty doll smile, carved out of
the face in the aching snow. And I stand with my clotted heart
and suck on the pearl necklace.

SÅNGSJÖ

Hon ligger bakåtlutad över stenen i en konstig vinkel, som om ryggraden är bruten. De vita benen glänser genom vattenslöjan, och studom glittrar det till av glasräkor eller manteldjur, av pärlemorfiskarnas fjäll. Silveralger och klargrönt sjögräs växer från skallen som mjukt hår. Det är Heide. Heide som simmat rakt ut för att till sist vända sig på rygg, ligga alldeles stilla i det ljumma, lugna vattnet och på så vis passivt sjunka i denna blå sångsjö. Hon ligger bakåtlutad över stenen i en konstig vinkel, med ansiktet böjt mot ljuset. Uppifrån solytan speglas ljusfladder, och ett stim av ljusdioder samlar ihop sig som till en enda varelse, glider långsamt iväg och försvinner in i mörkret. Sandbottnen ryker; det är bottenkvarkar och oroliga broskfiskar som river upp slam. Hon ligger benböjd över stenen i en felbruten vinkel, och nångonting rör sig, sticker nästan fram som en fettstump, en tunga eller en tarm ur hennes halvöppna mun. Den blir allt längre och svampig och tjock som en stör – det är den giftiga muränen som tränger sig ut; den giftiga muränan med sina stickande, otäcka ögon. Den har ordnat sig ett näste därinne bakom tändernas krans på skallbottnen i kraniets vita grotta. Förgäves ropar mistluren ner mot sjöspegelns tomma yta. Men hon ligger bakåtböjd och bruten över den mörka stenen, och där läpparna har suttit svävar ännu skuggan av ett leende, skuggan av ett listigt, nästan omänskligt leende.

Song Lake

She lies leaned back across the stone at a strange angle, as if her backbone was broken. The white bones glimmer through the veil of water, and at times there is glittering from glass shrimp and mantle animals, from the scales of mother-of-pearl fish. Silver algae and clear-green lake grass grows from the skull like soft hair. It is Heide. Heide who swam straight out before turning on her back, lying perfectly still in the tepid, calm water and sinking into the blue song lake. She lies leaned back across the rock at a strange angle, with the face bent toward the light. The light-flutter is refracted from the surface above, and a shoal of light diodes are moving like a single creature, gliding slowly away and disappearing into the darkness. The sandy bottom is smoking; it is bottom quarks and anxious cartilage fish that are tearing up sludge. She lies with her legs bent across the rock at an awkward angle, and something moves, pokes out of her half-opened mouth like a stump of fat, or a tongue or an intestine. It grows longer and slimier and thick as a sturgeon — it is the venomous moray that is pressing out; the venomous moray with its sharp, horrible eyes. It has made a nest in there behind the crown of teeth on the bottom of the skull in the white cave of the cranium. The foghorn shouts in vain down into the lake-mirror's empty surface. But she lies bent back and broken across the dark rock, and where the lips used to be the shadow of a smile now hovers, the shadow of a sneaky, almost inhuman smile.

SYLT

En gaddstekel böjer sig över det mjukhudade frambröstet för att spy upp sylt. Lansetternas rörelser pumpar samtidigt in gift i såret.

Jag kokar trollsländan i söt mjölk. Ett litet spröt sprattlar och sprätter mot min klibbiga blodläpp. Jag suger safterna ur nejonögat – med tungan trycker jag upp klimpen mot gommen. Det krasar mot mjukdelarna. Ur min såriga mungipa sipprar en kletig smörja av stekelpigment och stärkelse. Små larver simmar under huden. Små larver glider och glänser under den tunna mödomshuden.

Sugkopparna ömmar. Inne i trollsländan rinner sockerlösningen. En gaddstekel kryper sakta och skimrande av sekret över mitt jästa lår, min blånande dödhöft.

Den lyser kraftigt.

JAM

A wasp bends over the soft-skinned front breast to puke up jam. At the same time, its lancets pump poison into the wound.

I boil the dragonfly in fresh milk. A tiny feeler wriggles and writhes on my sticky blood lip. I suck the juices out of the lamprey – I press the clump up against the palate with my tongue. It crunches against the softparts. Out of the ulcerated corner of my mouth leaks a creamy muck of wasp-pigments and starch. Small larvae swim beneath the skin. Small larvae glide and glitter beneath the thin virgin skin.

Suction cups ache. Sugar solution flows inside the dragonfly. A wasp, shimmering with secretions, creeps slowly across my fermented thigh, my bluing death-hip.

It glows brightly.

DJUPT INNE I STENEN

Djupt inne i stenen försöker trilobiterna läkas. Sälformen söker min kropp, liksom suger min cellmassa till sig. Men jag bär flisorna, och den sköra, nästan blå skärvstenen. Smycket bankar mot mitt värkande bröstben. Långt framme ligger Silurhavet spänt och förberett, som om isen i nästa ögonblick skulle kasta sig över det.

Det gör så ont att gå. Genom benmärgen rusar stötar, och i åderkärlen river det röda ettret. Mina inälvor rycker och drar, som om de ville slita sig, hur ska jag hålla dem samman?

Djupt inne i stenen försöker fostret levras. Vi har gått mycket länge, lämnat efter oss gåtfulla, icke av människa blivna fotspår. Sälformen släpar skinnet. Det oändliga lågtrycket driver oss vidare trots att klipporna störtar bakom oss.

Deep Inside the Rock

Deep inside the rock the trilobites are trying to heal. The seal shape is searching for my body, sort of sucking my cell-mass toward it. But I bear splinters, and the brittle, almost blue shard stone. The jewelry bangs against my aching breastbone. Far ahead, the Silurian Ocean lies tense and ready, as if, at any moment, the ice could pounce on it.

It hurts so badly to walk. Through the bone marrow, thrusts rush, and red venom tears in the blood vessels. My intestines pull and tug, as if wanting to break loose. How can I keep them together?

Deep in the stone, the fetus is trying to clot. We have walked for a very long time, leaving behind mysterious footprints not made by humans. The seal shape drags the skin. The never-ending low pressure spurs us on even though the cliffs collapse behind us.

HJORTVÄV

Hjortväven är tunn. Jag bär det försiktigt som ett moln i händerna. Men hjärtat råmar inifrån, så högt, och mina lungor piper. Det är farligt, men jag får inte, jag får inte springa nu. Hjortstigen är smalare än jag kanske trodde; den slingrar fram här mellan djupen, mellan gravarna. Jag ser långt bort dessa blå, dystra kalfjäll.

Hjortröken är tunn. Vi rör oss in i dalen. Jag söker mig framåt genom kyla, fukt, dimmor. Glåmskalet böjer sin skugga över mig: ännu ett livlöst bergmassiv. Forsen har frusit och hänger stel utmed den lodräta bergväggen. Det går en varning genom dalen, men det har inte ens hänt, de vet ännu inte, jag har ännu inte anlänt. Fibrerna rör mig som koraller; ytterst in i fingrarna pumpas blodet redan in.

Nätet är klibbigt, ansiktsflagor fastnar i det, jag undrar hur jag ser ut men vågar inte röra vid huden med mina giftiga, redan förstörda fingrar. Jag bär försiktigt som ett moln i händerna. Sångstrupen kvider och andas anspänt: jag kan känna att min vackra, höga hals är sned. Jag ser min handled blå, tunn, nervös. Vittringen är starkare nu. De har startat isbräckningen, jag hör ljuden man inte kan leva med. Och ännu på avstånd känns vittringen starkare, starkare.

Deer Fabric

The deer fabric is thin. I carry it cautiously as if it were a cloud in my hands. But the heart moans from inside, so loudly, and my lungs squeak. It is dangerous, but I cannot, I cannot run just now. The deer path is narrower than I had maybe expected; it winds forth between the chasms, between the graves. In the distance I see blue, grim bleakmountains.

The deer smoke is thin. We move through the valley. I struggle through the cold, the moisture, the fogs. The Gloam Shell bends its shadow over me: yet another lifeless mountain mass. The rapid has frozen and hangs stiff along the vertical mountain wall. A warning is sounded through the valley, but nothing has happened yet. Nobody knows, I haven't yet arrived. The fibers touch me like corals; the blood is pumped into the tips of my fingers.

The net is sticky, facial flakes get stuck in it, I wonder what I look like but I don't dare touch my skin with my poisonous, already wrecked fingers. I carry it cautiously like a cloud in my hands. The song-throat wheezes and has trouble breathing: I can feel that my beautiful, tall throat is crooked. I see that my wrist is blue, thin, nervous. The scent is stronger now. The ice-breaking has begun, I hear the sounds one cannot live through. And still in the distance the scent feels stronger, stronger.

Och ännu på avstånd känns vittringen starkare, starkare.
Hjortväven är tunn. Jag kan nu se. Jag kan nu se dem genom
kanske tårar. Jag släpper molnet nu, byltet. Och fastnaglad vid
min allt dödare kropp väntare jag på att de ska vända sina blickar
åt mitt håll, mot mig och mot den lysande vävnaden.

And yet in the distance the scent feels stronger, stronger. The deer fabric is thin. I can see now. I can see them through what is maybe tears. I release the cloud now, the bundle. And nailed to my increasingly deader body I wait for everyone to turn in my direction, to me and the glowing fabric.

SVARTA SKENOR

Åter slutes detta hjortens klara ögon. Du sträcker dina armar ut ur hjorten. Du sträcker dina armar mot min kärleks huvud. Och svarta skenor spännas under is och jord.

Du sträcker dina armar mot min kärleks huvud. Min feberbölja drar fram från kota till kota. Längs frusna stränder rör sig hjortarna i små, nervösa grupper. Längs frusna ytor ekar hjortskriket, och ur vaken stiger ångan och ångesten ur ditt röda rävbett.

Isarna råmar sig och knycklar. Svarta skenor spränga under is och jord. Återslutes detta hjortens skadat öppna öga. Åter klibbar hjormasken kall mot min intre, blå hud. Du sträcker dina armar ur min kärleks huvud. Och ur vaken stiger ångan och ångesten ur mitt röda rävbett.

BLACK BOLTS

Once again, the deer's clear eye is shut. You stretch your arms out of the deer. You stretch your arms toward my love's head. And black bolts are tightened beneath ice and earth.

You stretch your arms toward my love's head. My fever wave surges from vertebra to vertebra. Along frozen shores, the deer move in small, nervous groups. Along frozen surfaces, the deer-scream echoes, and out of a hole in the ice, steam and angst rise out of your red fox bite.

The ices roar and crumple. Black bolts blast beneath ice and earth. Once again the deer's wounded open eye is closed. Once again the deer mask clings cold against my inner, blue skin. You stretch your arms out of my love's head. And out of a hole in the ice, steam and angst rises out of my red fox bite.

SEPTEMBER AV GLAS

SEPTEMBER OF GLASS

Som vi kunde höra träden skrika.

As we could hear the trees scream.

JÄRN LÄKAS

Sakta slickar jag ren min svidande glashand
Sömnmullen lindrar senornas, klingans skräck
I grytet svälter sårmannen så illa ont
I grytet svälter sårmannen så illa illa ont

Sakta slickar jag ren min kraftlösa glashand
Inte mer död kvida, inte mer mitt sorgnamn vädjas
upp ur struphål, kärr, brunnar

Om järn bryts ner till jord och ro
Om järn bryts ner till jord och ro
Om järn kan stillas läkas

Iron Healed

Slowly I lick clean my smarting glass hand
The sleep soil soothes the horror of the sinews, the blade
In the burrow the woundman starves so badly bad
In the burrow the woundman starves so badly badly bad

Slowly I lick clean my languid glass hand
No more dead whimpers, no more will my sorrow-name
be called out of throat-hole, a marsh, wells

If iron is broken down into earth and peace
If iron is broken down into earth and peace
If iron can still be healed

JAG GICK MIG UT I NORR

Jag gick mig ut i norr mot ropet, följde det röda spåret in genom midnatt, där farliga rubinblomster öppnade sina sövande gömmor. Jag gick mig ut i norr mot värken mot brunsten mot källan, där vi aldrig återvänt tillbaka. Adrian kanske jagade. Jag hade sådan sett honom: vit i ansiktet, naken, på knä krypande. Han bar en harunge i käften, var smetig av dess blod; djupt sörjande förtrollad. Jag gick mig ut i norr mot ropet, mot gränser där sten skavde sten. Mörkt glödde rådjursvattnet ont, och mörk brann saven oron. Jag gick mig ut i norr mot stupet, där Adrian kanske jagade. Och linnet det föll så vitt till den alltför svarta jorden, i gläntan där nattångor stod mig höga omkring. Så rörde sig kärrfjärilen så nära blodläpparna, så nära leendets giftiga fibrer. Jag gick mig ut i norr mot pinan, följde den tunga doften in genom midnatt. Och där lät även jag till sist och mörk av sav mig röras.

I WALKED OUT IN THE NORTH

I walked out in the North toward the shout, followed the red track through midnight, where dangerous ruby blossoms opened their lulling lairs. I walked out in the North toward the aches toward the wellstone toward the spring, to which we have never since returned. Maybe Adrian hunted. I had seen him like that: white in the face, naked, on his knees crawling. He carried a hare child in his jaws, was smeared with its blood; deeply grieving enchanted. I walked out in the North toward the shout, toward borders where stones chafed stones. The deer water glowed darkly, painfully, and darkly burned the sap the dread. I walked out in the North toward the chasm, where maybe Adrian hunted. And the linen it fell so white on the all-too-dark earth, in the glade where night steam rose all around me. Then the marsh-butterfly moved so close to the blood lips, so close to the poisonous fibers of the smile. I walked out in the North toward the torment, followed the heavy fragrance through midnight. And there even I, at last, dark with sap, allowed myself to be touched.

VI TRÄR UPP ÖDLOR

Vi ska hämta ödlor. Ödlor som lyser röda i flodskenet. Vi ska lägga dem vid vaxflickans kropp där hon sover djup i dvala. Stora järnet bankar. Vi ska samla ödlor till natten. Adrian hatar mig. Adrian hatar mig, han hatar sig mot mig, jag känner åska, jag bär flod. Hudstenen gnager svårt. Vi ska plocka ödlor; vi ska trä upp ödlor på en lång stark gifttråd. Därute väntar sångsjöar öppet blå. Alla vackra ögon tittar på oss ur träden: glasdjuren vaknar. Vi ska fånga ödlor: glasödlor, röda pärlödlor, att lägga i mönster til natten.

Då! Då! Ser vi en av dessa blodkorpar med knippen av ödlor i mun. Det har hänt. Hur ska vi nu kunna leva? Hur ska vi kunna leva?

För vi ska inte längre hämta ödlor nu.

WE THREAD UP LIZARDS

We are going to gather lizards. Lizards that glow red in the river sheen. We are going to place them next to the wax girl's body while she sleeps deep in a trance. The big iron pounds. We are going to gather lizards until night. Adrian hates me. Adrian hates me, he hates himself against me, I feel lightning, I carry river. The skin-stone gnaws hard. We are going to pick lizards; we are going to thread lizards on a long strong poison string. Out there the song lakes wait open blue. All the beautiful eyes watch us from the trees: the glass animals awaken. We are going to catch lizards: glass lizards, red pearl lizards, and place in a pattern for the night.

Then! Then! We see one of the blood ravens with a bundle of lizards in its mouth. It has happened. How can we now live? How can we live?

For we will no longer gather lizards now.

HYPOTENUSAN

Uppe i Andromeda, uppe i hybridgalaxen, där vred sig hypotenusan runt sin egen axel. Hon vred sig inuti sin otäckt felvända kropp, hon vred sig så att innandömet skavde mot skalet, så att hennes muskler gneds såriga mot insidan av huden. Uppe i Andromeda låg hypotenusan och flåsade och kved sedan urminnes tider – ända ner till jordskorpan kunde man höra hennes klagan. Uppe i Andromeda låg hypotenusan i klaustrofobi inuti sig själv; i klåda, i marritt, i vånda, i ständiga värkar, i kött som gned mot kött och blev till röta. Uppe i Andromeda lå hypotenusan fastspänd, och på hennes mörkgrå flodhästhud kravlade kvarkarna obekymrat. Också människosläktet hade nått fram och stod med oljeborren inkörd i hennes syfilisplasma för att söka den nedärvda sanningen. Hypotenusan vred sig runt sin egen axel högst upp i Andromedas orörligt grymma vävnad. Och över den pinade kokongen vakade en ond stjärna.

THE HYPOTENUSE

Out in Andromeda, out in the hybrid galaxy, the Hypotenuse writhed around her own shoulder. She writhed inside her horrible, backward body, she writhed so that her insides chafed against the shell, so that her muscles rubbed raw against the inside of her skin. Out in Andromeda the Hypotenuse had lain panting and moaning for ages – all the way down to earth one could hear her moans. Out in Andromeda the Hypotenuse lay claustrophobic inside herself; in itches, in nightmares, in agony, in constant aches, in flesh that rubbed against flesh and rotted. Out in Andromeda the Hypotenuse lay tied up, and on her dark gray hippo-skin the quarks crawled carelessly. Also the human race had reached her and stood there and shoved the oil-drill into her syphilis plasma to look for the hidden truth. The Hypotenuse writhed around her own shoulder high up in Andromeda's untouchable cruel garment. And above the suffering cocoon an evil star awoke.

HJORTSKALV

Nu sliter hjortfebern sönder cellerna inne i min härjade, redan
så sargade läderkropp. I min andedräkt svider spåren av månvind
mot strupen och gomgapet. Jag har rört mig vid hjorten, jag har
fäst mina fibrer vid den dansande, svåra hjorten. Ånga steg ur
frusna brunnar, isflaken skavde i rännan, kallsvetten bröt fram
ur hudväggen mellan mitt väsen och kylan. Det var en ohjälpligt
lömsk tid.

Jag har rört mig vid septembers sällsynta glashjort. Jag har rört
mig vid det skygga vattnet, vid den slutna fiberhjortens gräns.
Och sprickan rusar fram genom det svarta glaset. Det knastrar
och skimrar, det skälver i hjorten, det skälver och bävar i
bröstkorgshjorten.

Läderfalken drar mot norr i himmelskskriande plåga. Det
lyser i hjorten, det lyser i hjorten, det lyser djupt inne i
hålrumshjorten! Nu häver sig blodytan sångytan! Det skälver
genom jag och hjorten. Fibrerna värker i min vassa gräns. Nu
rämnar nu bryter den smärtsamma hjorten. Nu brister och
blottas jag och hjorten –

Deer Quake

Now the deer fever tears apart cells inside my ravaged, already so harrowed leather body. In my breath, tracks of moon-wind are smarting against the throat and windpipe. I have moved around the deer, I have fastened my fibers to the dancing, severe deer. Steam rose from frozen wells, ice floes chafed the channel, the cold sweat broke out of the skin wall between my being and the cold. It was a hopelessly treacherous time.

I have moved around the rare glass deer of September. I have moved around the timid water, by the closed border of the fiber deer. And the crack rushes through the black glass. There are crackles and shimmers, there are quakes inside the deer, there are quakes and quivers in the breastbone deer.

The leather falcon flies north in sky-shrieking torture. There is a light in the deer, there is a light in the deer, there is a light deep inside the cavity deer! Now the blood surface song surface is heaving! It quakes through me and the deer. Fibers ache in my sharp border. Now the painful deer tears now it breaks. Now the deer and I burst and are exposed —

HYGGETS TID

Svåra stammar skaver. Spökörten står kall och rasslar. Sölmullen
väntar stadigt. Dimman rullar in över de sura ängarna.

Nu är hyggets tid. Svåra stammar skaver; bark river bark.
Vaxflickan rensar sår. Långt borta brakar åska ner mot stor
blank plat.

Sölmullen väntar stadigt. Vaxflickan skrubbar sår. Rävar och
kråkor kommer närmare med blodblickar fästa. De samlar ihop
sig. De blir fler. De blir skadligt allt fler.

Från hungermossan hör man gny och jaktspel. Vaxflickan gnider
sin känseludd mot det stora ärrets spända hud. Leverfläckar
lossnar, rävrönnen lyser röd. Nu är hyggets tid att sakta börja
läkas.

Logging Time

Hard trunks chafe. The ghost herb stands cold and rustles. The slow soil waits steadily. Fog rolls across the sour meadows.

Now is the time for cutting. Hard trunks chafe; bark tears bark. The wax girl rinses sore. In the distance, thunder crashes down against big blank metal sheets.

The slow soil waits steadily. The wax girl scrubs sores. Foxes and crows come closer with fixed blood gazes. They gather. They multiply. They grow harmfully numerous.

One can hear whimpers and hunting games in the hunger moss. The wax girl rubs her sensor prong against the tight skin of the large scar. Moles loosen, the fox tree glows red. Now it is time for the cutting to slowly start to heal.

The Authors

Aase Berg published her first book, *With Deer*, in 1997. Since then she has written five more books of poetry, including *Liknöjd Flora*, which won Aftonbladet's prestigious literary prize for best book of the year; one book of criticism, *Uggla*, which won the Lagercrantzen Prize for best book of criticism; and a young adult novel, *People-Eating People from Märsta*. In 2008, she was awarded the prestigious NC Kaserpreis in Germany. Other books translated into English include *Remainland: Selected Poems of Aase Berg*, *Transfer Fat*, and *Dark Matter*.

Johannes Göransson is the author of five books: *Dear Ra, A New Quarantine Will Take My Place, Pilot, Entrance to a colonial pageant in which we all begin to intricate*, and *Haute Surveillance*. He has is also the translator of many books, including four books by Aase Berg, *Ideals Clearance* by Henry Parland and *Collobert Orbital* by Johan Jönson. He co-edits Actions Books and participates in the collaborative blog Montevidayo.com. He is an assistant professor in the English Department at the University of Notre Dame.

Acknowledgements

These translations have previously appeared in *Conduit, Double Room, jubilat, La Petite Zine, Octopus* and *Typo*. Thank you to the editors.